Plane Surfaces /
Plano de Incidencia

Plane Surfaces /
Plano de Incidencia

Selected Poems (1968-2002)
by Judith Kerman

※

Traducido por Johnny Durán

cotidianas  **de estival**

CCLEH

COLECCION COTIDIANAS DE ESTIVAL

Published by Colección Cotidianas de Estival of CCLEH
Crítica Canadiense Literaria sobre Escritoras Hispanoamericanas
At Concordia University
Department of Classics, Modern Languages and Linguistics
1455, De Maisonneuve Blvd. W., Montreal, Quebec H3G 1M8
In collaboration with CDLEH
Crítica Dominicana Literaria sobre Escritoras Hispanoamericanas
Director: Ylonka Nacidit-Perdomo
Email: ylnape@hotmail.com

Editorial coordination: Judith Kerman & Ylonka Nacidit-Perdomo
Layout & design: Judith Kerman
Text typeset in Giovanni Book with Berlin Sans FB titles.
Cover art: Alexis García
Photographs: Judith Kerman
Email: jbkerman@hotmail.com

Some of these poems appeared previously in the following periodicals: *Black Bear Review, Connections, Controlled Burn, Earth's Daughters, Hanging Loose, Hiram Poetry Review, Rapport, Menorah, Mouth, Moving Out, New Letters, Niagara, Oxalis* (Special Recognition, 1993 Competition), *The Alchemist, The Bridge, Valley;* **in the following anthologies:** *On Turtle's Back* (White Pine Press), *Uncommonplaces* (Mayapple Press); **and in the following books by Judith Kerman:** *The Jakoba Poems* (White Pine Press), *Mothering* (Uroboros Books/Allegany Mountain Press; also in hypertext form in *Eastgate Review of Hypertext*), *Driving for Yellow Cab* (Tout Press), *Mothering & Dream of Rain* (Ridgeway Press), *Three Marbles* (Cranberry Tree Press)

This book was published during a 7-month stay in the Dominican Republic under the Fulbright Senior Scholar Program of the United States Department of State, with additional support from Saginaw Valley State University, University Center, Michigan.

Printed by: Editora de Colores, Santo Domingo, Dominican Republic

ISBN: 99934-0-312-1

Contents / Indice

✿

✿

❊

III. Proofs / *Pruebas*

❊

For my mother and father
Para mi madre y mi padre

�֎

Ars longa, vita brevis.

Los Planos de Presencia de Judith Kerman /
The Planes of Presence of Judith Kerman
de Sherezade (Chiqui) Vicioso

Tenía razón Judith Kerman cuando escogió un poema como Luciérnagas para dar inicio a su poemario Planos de Incidencia. Digo que tenía razón, porque ese poema demuestra su mirada poética que es finalmente lo que distingue a un, o a una, poeta del común de los mortales, y su dominio de la metáfora:

> "En la oscuridad, luciérnagas...una fermentación girando sobre si"...

> "nuestros remos agitando...el reflejo de las estrellas"...

> "esa llama, al pensar en ti...me enciende como las luces sobre el agua"...

O, en el poema EL BOTE:

> "Desde el muelle, la separación se convierte en horizonte"...

> "y el bote
> desde algunos ángulos se disuelve
> refleja en el filo del cuchillo el perfil de un rostro
> ella centra la niebla
> sin ningún viento para ir a ninguna parte"...

Con estos poemas como preámbulo, Judith nos introduce a lo que es su estilo poético, que ya le ganó con el poema MOTHER-ING, ¿Maternidades?, su primer premio en poesía. Me refiero al poema en prosa, estilo del que hace gala en MATERNIDADES, sin que en ese poema deje de asomar el verso "puro", el verso sin transición, como cuando dice:

> "mira a Alwin parado en la orilla del camino que se acerca, un pequeño hombre agachado disolviéndose hasta convertirse en un anuncio de la carretera . un peatón disolviéndose encima de la cabina de teléfono de un poste..."

Poesía en prosa que en LA ROSA DE INVIERNO demuestra su propio sentido del ritmo, o del oido, siempre atento al registro de otras voces, aunque ésta sea la voz de una rosa.

Poesía que no respeta la distinción artificial entre poema y prosa, premisa que hace tiempo uno de sus compatriotas: Kerouac, máximo exponente de la generación Beat, estableció como falsa. ¿Influencia? Que en TIME ZONE, tiene resonancias de "México City Blues". Prosa poética, poesía en prosa que es a veces juguetona, haciendo alarde de un extraordinario y fino sentido del humor, como en el poema HIJAS I, donde el verso final sorprende y asombra, dejándonos con una sonrisa en los labios.

O el poema: LA AVENTURA DE INKY, un excelente tributo al humor y la imaginación.

Son gajes del estilo, donde se identifica la tradición de la mejor poesía norteamericana contemporánea; la sofisticación de lo espontáneo, la capacidad de trasmutación de Whitman y su panteística consonancia con la naturaleza; los experimentos con la forma de la segunda generación de poetas de la llamada "Escuela de Nueva York", y particularmente lo que llegó a denominarse como el Proyecto de Poesía de San Marcos, o la Saint Mark´s Poetry Project.

Esa influencia trasciende la palabra y se manifiesta en la música, como en las canciones de Bob Dylan, y en el arte Pop y Bop. Arte y poesía "aparentemente fácil", como en la literatura de Allen Ginsberg, y del propio Kerouac, su mentor y guía, pero poesía donde se vislumbra una poderosa inteligencia, y una inmensa capacidad de observación de los mínimos detalles, que en los poemas de este libro abundan, como en el poema AFTER THE HOUSEBREAKERS:

> "No se ha tocado nada
> el aguacate no se ha escapado
> la tetera respira tranquila en su sueño"...

O en el poema LA CASA:

> "Aún cuando encuentro
> una casa de madera hecha a mano
> (sé) que alguien vive ahí

alguien que ya está enamorado
(y) que las ventanas son
para otra gente"…

Poder de observación, anotación de los detalles, que es
característica de las mujeres, acostumbradas a reflejar en su
escritura, los en apariencia insignificantes, detalles de la vida que
les rodea, y de la cual ellas son centro.

Poesía con su propia musicalidad, como en el poema
SHEKINAH, donde se repite, desglosa, construye y deconstruye la
palabra DWELLING…y se repiten como en letanía los contrarios
de la luz y la oscuridad, en un juego donde finalmente los
sentidos contrarios de las palabras se aúnan en un solo
significado:

"The world as a body
as a house
in the darkness
which is the light"…

Planos de incidencia, construidos como en el título de este
poemario, de fases, experiencias, tránsitos, donde lo que
permanece intacto es la condición de ser mujer, como en los
extraordinarios poemas MENSTRUANDO; ELIGIENDO TU
PROPIO NOMBRE; PLANE SURFACES y los ligeros y jocosos
poemas de JENNY, donde Judith Kerman elige (como otros
poetas de su generación) un álter ego o personaje, mediante el
cual, nos da cuenta de algunas de las situaciones más socorridas
por las que atraviesan las mujeres, y también algunas de las
respuestas posibles de la mujer contemporánea.

Mujer a la que rinde tributo este poemario, madres, abuelas,
antepasados, que asoman en nuestra genética, en las caderas, los
rizos, el color y la textura del pelo, en los ojos, el tono de la voz,
o en la particular sensibilidad que nos hace y deshace poetas.

Mujer a la que Judith Kerman, personaje siempre en tránsito
hacia si misma, representa en el poema ESTA MUJER, o THIS
WOMAN; mujer que por fin…

"is on her way home now

es decir,

está por fin de regreso a su casa
sin nadie que la acompañe
excepto sus amigos

(y amigas dominicanas, sin duda)

sus aretes de oro
y sus sábanas de seda".

¿Otro plano? de esta enigmática mujer que es Judith Kerman,
compañera norteamericana que como un soplo pasó por esta isla
y se llevó con ella el ancestral y siempre incipiente estallido de
nuestras voces, acompañada de ese excelente traductor que es
Johnny Durán, quien con su particular sensibilidad nos ha
guiado por los hermosos laberintos de estos planos de
incidencia.

Algunas traducciones de la introducción son por Chiqui Vicioso.

❋

Judith Kerman was right when she chose a poem like "Fireflies"
to begin her collection *Plane Surfaces.* I say she was right, because
this poem demonstrates the poetic vision which is finally what
distinguishes a poet, male or female, from ordinary mortals, as
well as her mastery of metaphor:

"In the darkness, fireflies ... a circling fermentation..."

"our paddles disturbing/ reflections of stars..."

"that flame, how I think of you/ ignites me/ like the lights
above the water..."

Or, in the poem, "The Boat":

"From the dock, separation becomes a horizon..."

"and the sail from some angles
dissolves, from some
reflects the knifeblade of a human profile

> she centers the fog
> with not enough wind to go anywhere..."

With these poems as preamble, Judith introduces us to her poetic style, which won for her, with the poem *Mothering* (*Maternities?*), her first poetry prize. I refer to the prose poem, a style she glories in with *Mothering*. In this poem, we can glimpse "pure" verse, verse without transitions, as when she says:

> she sees Alwin standing at the side of the road ahead, a little squat man in a flat hat, dissolving to become a road sign . a hitchhiker disappears into a call box on a pole...

Poems in prose such as "The Winter Rose" show her own sense of rhythm, her ear, always attentive to the register of other voices, even attentive to the voice of a rose.

Poetry that does not respect the artificial distinction between poetry and prose, a premise which long ago one of her compatriots, Kerouac, greatest exponent of the Beat generation, established as false. Is this an influence? In "Time Zone," there are resonances of "Mexico City Blues." Poetic prose, poems in a prose which is at times playful, displaying an extraordinary and fine sense of humor, as in the poem "Daughters I," where the final verse surprises and startles, leaving us with a smile on our lips.

Or the poem, "Inky's Adventure," an excellent tribute to humor and the imagination.

These things come with the style, where one can identify the tradition of the best contemporary North American poetry; the sophistication of the spontaneous, the capacity for transmutation characteristic of Whitman and his pantheistic responsiveness to nature, the experiments with form of the second generation of poets of the so-called "New York School," and particularly the Saint Mark's Poetry Project.

This influence transcends the word and manifests itself in music such as the songs of Bob Dylan, and in Pop and Bop Art. Art and poetry "apparently easy," like the literature of Allen Ginsberg and the aforementioned Kerouac, his mentor and guide, but poetry where one glimpses a powerful intelligence and an immense capacity for observation of the smallest details, which abound in the poems of this book, for instance in the poem "After the Housebreakers":

> "they have not touched
> anything; the avocado
> has not escaped; the kettle
> breathes quietly in sleep..."

Or in the poem "The House":

> "even when I find
> a wooden house built by hand
> someone lives there, someone is in love already
> the windows are for somebody else"

Power of observation, noting of details, which is characteristic of women, accustomed to reflecting in their writing those things that seem insignificant, details of the life that surrounds them and of which they are the center.

Poetry with its own musicality, as in the poem "Shekinah," where she repeats, glosses, constructs and deconstructs the word "dwelling"... and repeats like a litany the contraries of light and darkness, in a play in which finally the contrary senses of the words unite in a single significance:

> "the world as a body
> as a house
> in the darkness
> which is the light"...

Plane surfaces, planes of incidence, constructed like the title of this book of poems, of phases, experiences, transitions, where what remains intact is the condition of being a woman, as in the extraordinary poems "Menstruating," "Choosing your Own Name," "Plane Surfaces" and the light and humorous poems of "Jenny," where Judith Kerman chooses (like other poets of her generation) an alter ego, a persona, through which she gives us an account of some of the more challenging situations women encounter, and also some of the contemporary woman's possible responses.

Woman, to whom this book of poems pays tribute: the mothers, grandmothers, antecedents, who reveal themselves in our genes, in the hips, the curl, color and texture of the hair, in the eyes, the tone of voice, and in the particular sensibility which makes us or unmakes us as poets.

Woman, such as the one Judith Kerman, a person always in transit toward herself, represents in the poem, "This Woman," a woman who finally

> "is on her way home now.
> She takes no one home with her
> except her friends, and her gold earrings,
> and silk bedsheets."

Another plane, perhaps? of this enigmatic woman who is Judith Kerman, our North American compañera who, like a breath, passed through this island and carried away with her the ancestral and always impending outburst of our voices, accompanied by this excellent translator, Johnny Durán, who with his unique sensibility has guided us through the beautiful labyrinths hidden within these plane surfaces.

Prefacio del Traductor / *Translator's Preface*
de Johnny Durán

Poesía: grito de un pájaro deshaciendo la niebla.

Traducción de poesía: aproximación de una asíntota que sólo se une con el texto original en el infinito.

Se ha dicho que la traducción literaria es como un tapiz vuelto al revés, que el traductor es en ocasiones traidor y en otras cómplice. Hacerse cómplice del autor implica preservar en la medida de lo posible, la carga poética presente en el texto que se traduce, configurar sobre los motivos del revés del tapiz otro tapiz que aunque de diferente textura y color, nos cautive como un recuerdo, o como un sueño recordado dentro de otro sueño. Entregarse a esta tarea retiene todavía algo del aliento que en lejanos tiempos debió animar a los descifradores de códices herméticos que soñaban con secretos olvidados.

El universo poético de Judith Kerman está configurado por una imaginación profundamente enraízada en lo sensible y a menudo entrelazada con lo científico. Ella comunica al lector su deleite por lo minúsculo, por el detalle cargado de sugerencias y ecos donde lo muy pequeño se convierte en un universo, como en su hermoso poema, "Diátomo."

> ...cuando mueren, sus esqueletos
> comprimidos, son el blanco tiza de los huesos
> un especie de piedra suave
> una colonia de viajeros muertos...

> ...si acaricias a la venera, puede abrirse
> y mirarte casi con afecto
> estas son las joyas
> sólo visibles al amado.

Es poseedora de una voz que registra con igual soltura lo lírico y lo humorístico – deteniéndose en otras diversas gradaciones – ejemplo de lo primero son los poemas "Luciérnagas," "La Rosa de Invierno," "El Bote," etc. y de lo segundo los poemas de Jenny el Terrón y "Esta Mujer."

Creo que en la traducción es sumamente importante mantener el delicado equilibrio de ser fiel al texto original y de no caer en el abuso de la traducción literal. Por otro lado, debemos evitar la tentación de querer crear nuestro propio poema a partir del poema que se traduce lo cual me parece encerrar una suerte de plagio velado.

Las conversaciones sobre la naturaleza de ambos idiomas con la Dra. Kerman y el trabajo en equipo con ella fueron muy esclarecedores y aleccionadores; asimismo su buena disposición y ecuanimidad hizo la tarea de traducir una gran número de poemas en un corto tiempo considerablemente más divertida por lo cual le estoy muy agradecido. Quiero expresar mi gratitud a mi esposa Rosario Ureña por su paciencia con relación a todas las horas dedicadas a este proyecto que fueron tomadas de nuestra vida familiar.

✄

Poetry: the cry of a bird dispelling the fog.

Translation of poetry: approximation of an asymptotic curve that joins the original text only in infinity

It is said that literary translation is like the back of a carpet, that the translator is sometimes a traitor and sometimes an accomplice. To become an accomplice of the author implies preserving as far as possible the poetic charge present in the text being translated, to shape upon the motifs of the back of the carpet another carpet that, although of a different texture and color, is able to captivate us like a memory, or like a dream remembered within another dream.

To give oneself to this task still retains something of the spirit that in ancient times animated the decoders of hermetic texts who dreamed of forgotten secrets.

The poetic universe of Judith Kerman is shaped by an imagination profoundly rooted in the perceptible and often interwoven with the scientific. She communicates to the reader her delight in the minuscule, the detail charged with implications and echoes, where the very small becomes a universe, as in her beautiful poem, "Diatom."

> …when they die, their skeletons
> compressed, are the chalk-white of bones
> a kind of soft stone
> a colony of dead travelers…

> …if you stroke the scallop, it may open
> and look at you almost with affection
> these are the jewels
> visible only to the beloved.

She is possessor of a voice which registers with equal ease the lyric and the humorous – stopping along the way in various other gradations. Examples of the first are the poems "Fireflies," "The Winter Rose," "The Boat," etc., and of the second the "Jenny the Lump" poems and "This Woman."

I believe that in translating it is important above all to maintain the delicate balance of being true to the original text, while not falling into the abuse of literal translation. On the other hand, we must avoid the temptation of wanting to create our own poem from the poem being translated, something that to me seems to amount to a sort of veiled plagiarism.

The conversations about the nature of both languages I had with Dr. Kerman and our work together as a team were enlightening and instructive; also her good disposition and equanimity made the task of translating a large body of work in a short time considerably more fun, for which I am most appreciative. I also want to express my gratitude to my wife Rosario Ureña for her patience with all the hours dedicated to this project which were taken from our family life.

I

Diatoms / Diátomos

Luciérnagas

En la oscuridad, luciérnagas
sobre la hierba alta, en las hojas,
por encima del lago, una fermentación girando sobre sí.
Nos deslizamos
dejando atrás los árboles que cuelgan,
nuestros remos agitando
el reflejo de las estrellas.
Las burbujas ascienden,
la luz verde de la cola del insecto
flota hacia arriba brillando
abajo la nube de alas,
al azar y no al azar,
y amigable,
e impelido.
Se enciende y se apaga
el destello de la necesidad
a través de la oscuridad:
es como te conozco, ese ritmo,
más profundo que la conversación.
Luciérnaga, luciérnaga
nos reclinamos y tiramos
en un placer como la música.
Nuestra canoa se desliza por el agua.
Siento el calor de mi cara:
esa llama,
al pensar en ti,
me enciende
como las luces sobre el agua,
mi piel,
un universo de estrellas.

Fireflies

In the dark, fireflies
above the tall grass, in the leaves,
over the lake, a circling fermentation.
We slide out
from overhanging trees,
our paddles disturbing
reflections of stars.
The bubbles rise,
the green light of the bug's tail
floats up gleaming
below the blur of wings,
random, and not random,
and friendly,
and driven.
On and off
the flash of need
across the dark:
it's how I know you, that rhythm,
deeper than conversation.
Lightning bug, lightning bug,
we lean and pull
in a pleasure like music.
Our canoe glides across the water.
My face is hot:
that flame,
how I think of you,
ignites me
like the lights above the water,
my skin,
a universe of stars.

Constelaciones

Al volante de noche
las estrellas por encima de la carretera
se aproximan a mí
como faros.
Me detengo en el andén
salgo del auto,
protegiendo mis ojos de los faros
y del polvo de los carros que pasan.
El mundo gira sobre sí
como se voltea un amante hacia otro
en el sueño.
Miro hacia la oscuridad.
Más allá de los carros que cruzan veloces
el olor a hierba mojada,
el viento, el sonido de las ranitas.
La oscuridad se desplaza por los campos,
las luces de las granjas como fragmentos de
constelaciones.
Siento extenderse la carretera,
las estrellas se me acercan.
El cielo brillante se inclina para tocarme,
mi rostro, empañado de luz humana.

Constellations

Driving in the dark
the stars over the highway
come toward me
like headlights.
I stop on the shoulder
get out of the car,
shielding my eyes against headlights
and the dust of cars passing.
The world turns itself, a lover
turning in sleep to a lover.
I look out toward the darkness.
Beyond the rush of cars
the smell of wet grass,
wind, the sound of peepers.
Darkness shifts across the fields,
the farm lights like fragments of
constellations.
I feel the road stretch out,
the stars move toward me.
Glowing sky leans down to touch
my face, blurred with human light.

El Sueño de la Orquídea

(para Bonnie)

Orquídea azul plateado
arrugados bordes azul plateado, garganta morada
soñé que la escogía de las largas hileras
del invernadero
dices que significa que te he elegido.
Pero es imposible regresar
aunque quisiera
la boca una flor, como las de lo primeros
cuadros de O'Keeffe, exquisitas y austeras
su rostro ahora agrietado y marcado
como las colinas rojas donde ella vive
el espíritu-madre en su madurez
una pura cara anciana en ropas negras, mi maestra.
Lucho con el sueño.
Dices que la orquídea es tus ojos
pelo, ropas, azul con encajes
lo rechazo pero sé
que hay algo de verdad en ello
tu intensidad, involución
los labios de la flor, sosteniéndose,
profundidades y profundidades desprendiéndose.
El sol calienta a través del vidrio del invernadero
me siento distorsionada, sin aliento
deseando las secas colinas rojas, deseando mis bosques verdes
que crecen sin cuidado
aprieto mi cara contra el vidrio mojado.
Tregua: codicio pero ya no compro
plantas de casa difíciles
aunque sueño con
enredaderas y zarcillos
nunca sé como regarlas.
Mi casa llena de color
flores de seda, plantas de jade, lazos de amor
las cosas que amo

The Orchid Dream

(for Bonnie)

Silver-blue orchid
silver-blue ruffled edges, purple throat
I dreamed I picked it out of long rows
in the greenhouse
you say it means I've chosen you.
But it's impossible to go back
even if I wanted
the mouth a flower, like O'Keeffe's
young paintings, luscious and austere
her face now crevassed and seamed
as the red hills where she lives
the spirit-mother in her age
a pure old face in black clothes, my teacher.
I struggle with the dream.
You say the orchid is your eyes
hair, clothes, blue with lace
I refuse it but I know
some part is true
your intensity, involution
the lips of the flower, holding on
depths and depths falling away.
Sun is hot through the greenhouse glass
I feel distorted, breathless
wanting the dry red hills, wanting my green woods
that grow without care
I push my face against the wet glass.
Truce: I covet but no longer buy
difficult houseplants
though I dream of
vines and tendrils
I never get the water right.
My house full of color
silk flowers, spiderplants and jade trees
the things I love

perdonan las largas rachas de sequedad, las inundaciones
repentinas
y la soledad me alimenta,
con luz, espacio y aire.
No soñé
con llevarte a casa.

forgive long dry spells, sudden floods
and loneliness feeds me,
with light, space and air.
I did not dream
of taking you home.

Pardes

1. Hojas de Higo

El naranjo
y el limón
y la verde vid
las naranjas
ardientes en el lento suelo
el verde
bosque (la verde) parra
la naranja
amarilla del puro
pecado
sol

II. El jardín de las manzanas

charoseth: miel
vino y manzanas
los besos de tu boca

Pardes

I: Fig Leaves

The orange tree
and the lemon
and the green grape vine
the oranges
burning in the slow ground
the green
wood (the green) vine
the yellow
orange of the pure
sin
sun

II. The garden of apples

charoseth: honey
wine and apples
the kisses of your mouth

Después de la Guerra

El sueño del matrimonio
comienza con niños
flores amarillas en una colina
y Madre
entrando en la casa, sonriente.
Van juntos por el camino
el sol brillando a través de los árboles
es un libro ilustrado
pero de todos modos sienten temor.
Descansan en alguna playa
meriendan en el campo
a veces escriben cartas de amor
cuando hay una guerra él se marcha
y ella lo extraña.
Todo esto está de acuerdo con la tradición:
el sueño de las siete flores
en un cuenco, algo que ella
habría pintado.
Ella se casa con él por su humor.
Los niños le brindan calor
chapoteando como ranas
en el fregadero de la cocina
aprendiendo a hablar antes de tiempo.
El más pequeño regurgita
la leche de su madre.
Van al campo
nadan en un lago
hace tanto tiempo, el cabello del niño
amarillo sedoso, el padre reposado
y joven
pero no es lo mismo
regresan a casa y hace calor
no hay nadie a quien
escribir cartas de amor

After the War

The dream of marriage
begins with children
yellow flowers on a hill
and Mother
coming into the house, smiling.
They go along the road together
sun shining through the trees
it's a picturebook
but they are afraid anyway.
They lie on a beach
picnic in the country
they write loveletters sometimes
when there is a war he goes
and she misses him.
This is all according to tradition:
the dream of seven flowers
in a bowl, something she
might have painted.
She marries him for his wit.
The babies keep her warm
splashing like frogs
in the kitchen sink
talking early.
The younger one vomits
his mother's milk.
They go to the country
swimming in a lake
so long ago, the baby's hair
silky yellow, the father mellow
and young
but it's not the same
they come home and it's hot
there's no one to write
loveletters to

El Bote

desde el muelle
la separación se vuelve un horizonte
a través de la mañana resplandeciente
la vela desde algunos ángulos
se disuelve, desde otros
refleja la hoja de cuchillo de
un perfil humano
ella centra la niebla
sin suficiente viento para ir a parte alguna
mientras va a la deriva el lago debajo está vacío
contra la fría robustez del agua
los peces deslizándose hacia la oscuridad
ve a cualquier lugar, no es suficiente
(la isla verde, el muelle)
el viento sopla
desde siete direcciones hacia un lugar, una calma

la vela forma un ángulo con el agua
las escotas y los obenques tensos en la punta
flojos en el centro,
y el timón hiere el agua invisiblemente
me extiendo para salvarla
de la neblina que corroe el velamen
desdibujando la línea ligera de borda y obenque
pero sólo toco el agua, el aire húmedo
se condensa en mi piel y mis ropas
cuelga de mis pestañas y mi pelo
lágrimas sin sal
dondequiera que ella me pudiese llevar
la corriente de acero del agua está entre nosotros
y el viento obstinado se rehusa a regresar
ella muere y renace como una promesa
un engaño

The Boat

from the dock
separation becomes a horizon
across the shimmering morning
the sail from some angles
dissolves, from some
reflects the knifeblade of
a human profile
she centers the fog
with not enough wind to go anywhere
as she drifts the lake is void beneath her
against the cold sturdiness of water
the fish sliding into the dark
go anywhere, it is not enough
(the green island, the quai)
the winds push
from seven directions into one place, a calm

the sail angles from the water
sheets and shrouds taut at the edge
slack in the center
and the tiller wounds the water invisibly
I reach to save her
from the mist corroding the sail
blurring the swift line of gunwale and shroud
but only touch water, wet air
condensing on my skin and clothes
hanging from my eyelashes and hair
saltless tears
wherever she could take me
the steel drift of water is between us
and the stubborn wind refuses to come back
she dies and reappears like a promise
a delusion

La Rosa de Invierno

llévatela a casa
de tallo largo
rosado y naranja de invernadero
una sola carne con
papel, algodón de azúcar
cera
la anciana
a cinco casas de la mía
tenía un jardín lleno de
rosas, gladiolos
arbustos de pasas de Corinto
emparrado de uvas, un pequeño cobertizo de listones
grandes arañas verdes
me hacían vacilar si quería coger
flores: robaba
pasas de Corinto
mi madre me obligaba a disculparme
en mi primer recital
nadie me trajo flores
al verme llorar
alguien me buscó un descuidado ramo
de rosas de algún lugar
podría comprar una rosa de invernadero mañana
19 de enero
que con seguridad se marchitará
como algo
hechizado
no la rosa
que anhelo

The Winter Rose

take it home
long-stemmed
hothouse pink and orange
one flesh with
paper, spun sugar
wax
the old lady
five houses down
had a garden full
roses, gladioli
currant bushes
grape arbor a little lath shed
large green spiders
made me hesitate to pick
flowers: I
stole currants
my mother made me apologize
my first recital
no one brought me flowers
when I cried
someone found a scraggly bunch of
roses somewhere
I could buy a hothouse rose tomorrow
19 January
guaranteed to wilt
like something with a
spell on it
not the rose
for my hunger

Después de Marcharse los Ladrones

(para Isaac)

No han tocado
nada; el aguacate
no ha escapado; el samovar
respira quedamente en el sueño.
Si los cuervos
no pueden entender,
si el árbol verde
sufre debajo de mi, esclavizado
no espero menos de tí
ojos tranquilos como cuervos
subterráneo, cantando
sacudiendo el sueño de los montañas.

After the Housebreakers

(for Isaac)

they have not touched
anything; the avocado
has not escaped; the kettle
breathes quietly in sleep.
If the ravens
cannot understand,
if the green tree
suffers under me, enslaved
I expect no less of you
eyes quiet as ravens
underground, singing
shaking the sleep of mountains

La Casa

Sueño con caminar a este lugar
de madera, asimétrico
casa en el bosque, el hogar del hombre
cariñoso e hirsuto, mitad amigo, mitad padre
toda su luz es luz diurna
a través de vitrales
o velas y lámparas de queroseno
él mismo hace todos los vitrales
me da uno para que lo lleve a casa
dentro del cuerpo
es un hogar que no hago para nadie
con letreros pegados que dicen "no entre"
pero lloro de noche por el hombre hirsuto
la luz diurna entra a través de los vitrales
como la luz roja del
sol a través de los párpados cerrados o
la luz de una linterna a través de mi mano apretada
sombreando los huesos con la sangre
cuando camino por el bosque
sigo esperando encontrarla
más allá del tronco del próximo árbol
sobre la cima de la colina
hasta los árboles de álamos temblones son
desengaños: aun cuando encuentro
una casa de madera construida a mano
alguien vive en ella, alguien ya está enamorado
los vitrales son para alguien más

The House

I dream of walking to this place
wooden, asymmetric
house in the woods, the home of the kindly
shaggy man, part friend, part father
all its light is daylight
through stained glass
or kerosene lamp and candles
he makes all the windows himself
he gives me one to take home
inside the body
is a home I make for no one
posted with keep out signs
but I cry for the shaggy man at night
daylight comes through the windows
like the red light of
sun through closed eyelids or
flashlight through my clenched hand
shadowing the bones with blood
when I walk the woods
I keep expecting to find it
beyond the trunk of the next tree
over the top of the hill
even the aspen groves are
disappointments: even when I find
a wooden house built by hand
someone lives there, someone is in love already
the windows are for somebody else

Al Mudarme

como mi piel: habitada desde dentro, permanece
despegarla duele
cajas, cajas, sillas vacías, polvo
saliendo de los escondrijos
la luz a través de esta ventana que da al oeste
es el regreso
despójate de ella
encuentra una nueva luz
viviendo en ninguna parte
suspendida sobre la calle Principal
en un carro lleno de libros y enseres de cocina

Packing to Move

like my skin: grown into, it remains
to peel it off is painful
boxes, boxes, empty chairs, dust
coming out of hiding places
the light through this west window
is homecoming
shed it
find a new light
living nowhere, suspended over Main Street
in a car full of books and kitchenware

Paleta Roja

Alguien ha arrojado una paleta roja
sobre el techo, al otro lado de mi ventana.
Cada vez que llueve
se hace más pequeña.
Es abril.

Red Lollipop

Someone has thrown a red lollipop
onto the roof outside my bedroom.
Every time it rains
the red lollipop gets smaller.
It's April.

Diátomo

cuando nos mudamos muchas veces de un lugar a otro,
confundimos el sentimiento con el hogar —Marie Harris

concha de vidrio
estas son las torres esculpidas
solamente visibles bajo el microscopio
iglúes que no se derriten, cuartos de aislamiento,
una pared bizantina
de piedras fantásticas
el círculo envuelve un luminoso laberinto de
sueño-tiempo, organos vitales, neuronas de vidrio
el círculo se defiende a si mismo—briznas y bosques
hermosas ciudades de vidrio
fibras ciliadas, la temprana alerta distante
a la deriva en algún oceano inimaginable
buscando un lugar
para mecerse y agruparse como el coral
para echar raíces
pero no pueden crecerles
y la belleza de cada lugar
es amplificada por la distancia, la pared prismática
cuando mueren, sus esqueletos
comprimidos, son el blanco tiza de los huesos
una especie de piedra suave
una colonia de viajeros muertos

Diatom

when you move around a lot you mistake sentiment
for home —Marie Harris

glass shell
these are the sculptured towers
visible only under a microscope
no-melt igloos, isolation rooms, a byzantine wall
of fantasy stones
the circle enfolds a gleaming maze of
dream-time, vital organs, glass braincells
the circle defends itself—spires and forests
beautiful glass cities
ciliated fibers, the distant early warning
it drifts on some unimagineable ocean
searching for a place
to rock and clump like coral
to put out roots
but is unable to grow them
and the beauty of each place
is amplified by distance, the prismatic wall
when they die, their skeletons
compressed, are the chalk-white of bones
a kind of soft stone
a colony of dead travellers

ii

el músculo dentro resistente y vulnerable
Venus surge del mar
los ojos de cobalto de una despampanante rubia
el manto carnoso
pero no se come esa parte, sólo el músculo
que se aferra con pánico a la concha
los ojos son una diadema de safiro—toda la casa
se mueve por propulsión a chorro
si acaricias a la venera, puede abrirse
y mirarte casi con afecto
estas son las joyas
sólo visibles al amado

the muscle inside tough and vulnerable
Venus rises out of the sea
the cobalt eyes of a bombshell
the fleshy mantle
but you don't eat that part, only the muscle
that clamps the shell in panic
the eyes are a sapphire diadem—the whole house
is jet propelled
if you stroke the scallop it may open
and look at you almost with affection
these are the jewels
visible only to the beloved

Huso Horario

Cuatrocientos millas al este
ya el sol se ha levantado.
Me visto en la oscuridad; desayuno.
Una lluvia helada golpea como granizo el parabrisas.
En Ciudad México, aire color de tierra:
tos.
Clásicos perfiles aztecas,
atestados en la guagua,
sonrien a sus amantes,
se tocan discretamente
en la multitud.
Jorge, elegante como un bailarín
con camisa blanca planchada,
trabaja en la recepción de la casa de huéspedes,
hospedero paciente con estudiantes trotamundos.
Me duele el estomago;
me da de comer yogur y bananas.
Camino todo el día—también me duelen los pies.
El despierta mis ganas.
Regreso al norte mañana.
"¿Taxi, Señora?" Los perros callejeros
dormitan en la nebulosa luz.

Time Zone

Four hundred miles east
the sun is up already.
Dress in the dark; breakfast.
Freezing rain pebbles the windshield.
In Mexico City, brown air:
I'm coughing.
Classic Aztec profiles,
crammed on the bus,
smile at their lovers,
touch each other quietly
in the crowd.
Jorge, elegant as a dancer
in a pressed white shirt,
mans the hostel desk, patient host
to globetrotting students.
My stomach hurts;
he feeds me yogurt and bananas.
Walk around all day—feet hurt too.
I've got the hots for him.
Back north tomorrow.
"Taxi, Senora?" Street dogs
doze in the hazy sun.

Geografías

Esta noche estás en otra parte.
Hablas de tu cuerpo
un lugar en el cual vivir
sólo en emergencias.
Conozco la sensación,
barriguda al tomar el café de la mañana
con un bocado de ira;
recuerdo las manos de mi madre
que jamás me tocaban en verdad.
Hasta el ascender la montaña
para combatir un fuego forestal,
sudando y apartando el humo de mis ojos,
no era totalmente real,
el sabor a sal teórico,
el dolor en mis pantorrillas.
Me gusta tocarte,
selvas de barba, todo el espacio
de la espalda y los hombros para deambular
y la masa de hueso y músculo
tranquilizadora. Al hacer el amor
te aproximas a lo que se aleja.
Tocarte me da esperanza.

Geographies

Tonight you are somewhere else.
You speak of your body
a place to be lived in
only in emergencies.
I know the feeling,
potbellied over the morning coffee
with a mouthful of anger;
I remember my mother's hands
never exactly touching me.
Even climbing up the mountain
to fight a forestfire,
sweating and wiping smoke from my eyes,
wasn't entirely real,
the taste of salt theoretical,
the ache in the backs of my legs.
I like to touch you,
forests of beard, all the space
of back and shoulder to roam on
and the mass of bone and muscle
reassuring. In the middle of loving
you reach to what moves away.
Touching you gives me hope.

Shekinah

la manifestación perceptible de Dios en el mundo; la emanación femenina; lo que permanece junto a los Hijos exiliados de Israel; esa parte de Dios exiliada de la Divinidad, de acuerdo a la tradición cabalística, que la santidad humana ayuda a reconciliar.

Habitando dentro
morando dentro
del cuerpo, como una casa
como el mundo, morando
en la oscuridad
y la luz que es oscuridad
la galaxia extendiéndose en el espacio y el fuego
las estrellas por encima del techo
entrando, prosiguiendo
que estés aquí con nosotros
habitando dentro
morando dentro
del cuerpo, como una casa
en el mundo, morando
habitando dentro
morando dentro
del cuerpo, como un mundo
como una casa, un árbol
estallando de pájaros
en la oscuridad que es
la luz entre los desterrados
los pájaros volando hacia el ventoso cielo
que estés aquí con nosotros
habitando dentro
morando dentro
del mundo como un cuerpo
como una casa
en la oscuridad que es
la luz
nos extendemos para tocarte
que estés aquí con nosotros presente
presencia que estés aquí con nosostros
aquí con nosotros

Shekinah

the perceptible manifestation of God in the world; the female emanation; what abides
with the exiled Children of Israel; that part of God in exile from Godhead, according
to Kabbalist tradition, which human holiness helps to reconcile.

Indwelling
dwelling in
the body, as a house
as the world, dwelling
in the darkness
and the light which is darkness
the galaxy spreading in space and fire
the stars above the roof
going-in, ongoing
be here with us
indwelling
dwelling in
the body, as a house
in the world, dwelling
indwelling
dwelling in
the body, as a world
as a house, a tree
exploding with birds
in the darkness which is
light among exiles
the birds flying into windy sky
be here with us
indwelling
dwelling in
the world as a body
as a house
in the darkness which is
the light
we reach to touch you
be here with us
presentness, be here with us
here with us

Silencios

cuál de todas es mi madre

Silences

which one is my mother

Río Arriba

Las paredes de árboles
se inclinan, y el sol
es una luz de árboles
fluyendo por las grietas de la corteza
haciendo espuma sobre las piedras.
La sigo aguas arriba
sé donde ha estado
por las huellas infrarojas en las rocas
y los mensajes de las truchas agitadas:
ella deslumbró su sueño
o al saltar para atrapar una mosca
atraparon el borde sobrecalentado de su vestido.
Las puntas de las hojas crepitan todavía
dicen que pasó hace dos semanas
un agujero en el cielo
dejando árboles torcidos y cascadas derretidas
todo marchando en sentido contrario
todo más hermoso ahora
el recuerdo impreso
en la estructura magnética de las rocas
en los patrones de la piel de un sapo
hasta sus ojos de oro. La sigo
a través del continente,
el dorado, el edén, un lugar
en el que no estoy segura que creo.
(No hay pozos tranquilos. En mi propio espejo
soy la hija moderna del papel invertido;
hostil, la cazadora vegetariana.)
Las encendidas flores moteadas
del no-me-toques
se alzan en sus tallos de agua, rojo ágata y jade,
carne grávida de jalea curativa.
Se retraen de la torpeza
(¿quién alguna vez pregunta: "donde está mi madre"?
Esta metáfora es demasiado fácil: garganta del río,
humus negro de las hojas.)
Nublazón repentina, sin sol, ni brújula,

Upstream

Walls of trees
curve over, and the sun
is a light of trees
flowing in the crevices of bark
foaming on the stones.
I follow her upstream
know where she's been
by infrared footprints on rocks
and the messages of disturbed trout:
she dazzled their sleep
or they jumped for a fly and caught
the superheated hem of her dress.
The edges of the trees still crackle
they say she went by two weeks ago
a leak in the sky
leaving bent trees and melted waterfalls
everything going the wrong way
everything more beautiful now
the memory imprinted
in the magnetic structure of rocks
in the patterns on a toad
even his gold eyes. I follow her
across the continent,
el dorado, eden, a place
I'm not sure I believe in.
(No quiet pools. In my own mirror
I am the modern role-reversal child;
hostile, the vegetarian huntress.)
Touch-me-not's
flaming speckled flowers
rise on their water stems, carnelian and jade,
flesh full of healing jelly.
They shrink away from clumsiness
(who ever asks, "where is my mother?"
This metaphor is too easy: river gorge,
black humus of leaves.)
Sudden overcast, no sun, no compass,

ni musgo en el lado norte,
no hay forma de soltar el viento frío
y en el viejo cuento
ella me buscaba
(nunca puedo estar segura.
Todos los fantasmas que buscan en estos bosques
son mios, buscando
o tratando de escapar.)
Ecos en una curva del río
donde el acantilado forma un hueco: "Seguro.
Seguro. Seguro." Este sueño continúa sin cesar;
todo parece ser una señal
así que lo colecciono todo: huellas de las manos
infantiles de mapache; rastros de venado;
el cráneo de un pastor alemán;
la mitad de una cáscara de nuez; una vieja rueda oxidada.
Gira y gira,
gira y gira, el lugar del cuál me has
hablado, madre, el norte verdadero,
pero no esperaba todos estos árboles.

no moss on the north side,
no way to let go the chilly wind
and in the old story
she was looking for me
(I can never be sure.
All searching ghosts in these woods
are mine, searching
or trying to escape.)
Echoes in a bend of the river
where the cliff makes a pocket: "Sure.
Sure. Sure." This dreaming goes on and on;
everything seems to be a sign
so I collect everything: prints of raccoons'
baby hands; deer tracks;
the skull of a German Shepherd;
half a butternut shell; an old rusted wheel.
It goes round and round,
round and round, the place you've told
me about, mother, the true north,
but I didn't expect all these trees.

Hijas II: Sestina

La gata tiene una voz especial para los gatitos,
queda, ligeramente preocupada. El playero volando
en un arrebato desde el arbusto, arrastra un ala.
Recuerdo tu rostro sobre la cama, como una luna
naciente, como globos de desfile en Broadway con un descender
desde grandes distancias tu mirada, acariciándome con tu voz.

Estaba dormida en el otro cuarto cuando tu voz
me despertó a medias; escuche a los gatitos
chillando mientras amamantaban, las moscas volando
zumbando. Un pichón estiraba un ala
y se posaba en el alféizar. La luna
diurna, blanca como un huevo, empezaba a descender.

Sentí la cama meciéndose debajo de mí en el ascender y descender
de la respiración, el ala
del sueño agitando los vientos, volando
sobre la casa, llevándoselo todo. La gata alimentaba a los gatitos
y los pichones dormitaban; trabajabas en el lavamanos, tu voz
canturreando sobre las cebollas, la cara de la luna.

Pelabas la luna
para ponerla en la sopa. La apaciguabas con tu voz,
su pobre cara atónita, blanca como cascarón de huevo, los gatitos
trepando por tu pelo, una sopa de sangre de luna en su descender
hacia la olla. La luna medio desplumada, sus plumas volando,
llenando el aire con sus alas.

Quería que me crecieran mis propias alas
y caer al vacío desde la ventana llevándome la luna
debajo del vestido, espoleada por las garras de los gatitos
en mis hombros, salvando a todos de tu terrible voz
que me seguía con hechizos y flechas, para hacerme descender.
Yacía rígida en la cama, entre las moscas que zumbaban volando.

Cuando desperté, te dije como el playero se queda volando,
pretendiendo estar herido; como arrastra un ala

Daughters II: Sestina

The cat has a special voice for kittens,
quiet, faintly worried. The sandpiper flies
in frenzy out of the bush, dropping one wing.
I remember your face above the bed, like a rising moon,
like parade balloons on Broadway, peering down
from great distances, caressing me with your voice.

I was asleep in the other room when your voice
half-woke me; I heard the kittens
squeaking as they nursed, and flies
buzzing. A pigeon stretched its wing
and settled on the windowsill. The daylight moon,
white as an egg, was starting to go down.

I felt the bed rocking under me, the slow up and down
motion of breathing, the wing
of sleep stirring the winds as it flies
over the house, carrying everything away. The cat fed her kittens
and the pigeons drowsed; you worked at the sink, your voice
humming over the onions, the face of the moon.

You were peeling the moon
to put it in the soup. You soothed it with your voice,
its poor astonished face white as eggshell, kittens
climbing your hair, a soup of moonblood and horseflies
in the pot. The moon lay half-plucked on the table and its down
and feathers filled the air with wings.

I wanted to grow my own wings
and fall away out of the window, taking the moon
under my dress, spurred by the grip of kittens'
claws in my shoulders, saving everyone from your terrible voice
which followed me with spells and arrows, trying to bring me down.
And I lay stiff on the bed, amid the buzzing flies.

When I woke up, I tried to tell you how the sandpiper flies,
pretending injury; how she drags one wing

sobre el suelo y grita alto, llenando el aire con su voz,
guiando al gato viento arriba, en el ascender y descender
de su vuelo, lejos de su cría; como la luna
observa en silencio. La gata sólo piensa en carne y en gatitos.

No entendiste. La luna en su descender
se había marchado; pusiste a los gatitos sobre la cama, tu voz
suave. Las moscas caían contra la ventana con sus ruidosas alas.

along the ground and cries aloud, her voice
filling the air, leading the cat upwind, away from her down-
filled nest and young; how the moon
watches in silence. The cat thinks only of meat and kittens.

You didn't understand. The moon had gone down;
you put the playful kittens on the bed, your voice
soothing. The flies fell against the windowpane with noisy wings.

Araña

cuando regreso
todavía estás en el techo
encogida en una esquina

nunca sé cuando esperarte
cuál camino tomarás
pienso que te dejarás caer
cuando no esté mirando
entre mi ropa

desciendes por la curva
del borde de la bañera, tus patas golpeteando
como un anciano ciego
doblas por la curva, hasta perderte
rápida como un carro deportivo
entonces regresas, el mismo golpeteo

tus caminos invisibles como sueños
se adhieren a mi rostro
si vuelvo a dormir me
arrastran de vuelta a las pesadillas
como una mosca de primera

tus talarañas pegajosas
como la culpa

Spider

when I come back
you are still on the ceiling
crouched in a corner

I never know when to expect you
which way you will go
I think you will drop
when I'm not looking
into my clothes

you travel down the curve
of the bathtub rim, front legs tapping
like an old blind man
you go around the curve, out of sight
fast as a sportscar
then come back, the same tapping

your roads invisible as dreams
cling to my face
if I sleep again they
haul me back to nightmares
like a prize fly

your webs invisible, sticky
as guilt

Ropas Viejas

Recogiendo trapos en una mañana fría
el viento me agarra por la espalda como un policía
me sujeta del cuello, quiere saber en qué estoy.
Amigo, estoy simplemente buscándote.
Puedo ver una gabardina de lana, medias calientes
tal vez una vieja estola de piel
ovillada y dormida en un cubo de basura
viejos amigos, sin un cuarto.

Old Clothes

Ragpicking on a cold morning
wind grabs me from behind like a cop
holds my collar, wants to know what I'm up to.
Friend, I'm just looking for you.
I can see wool gabardine, warm socks
maybe an old fur stole
curled up asleep in a garbage can
old friends, down and out.

Payaso

Durante la noche, mientras dormimos,
una verbena cuelga sus banderas
al final de la calle.
Se cuelan sombras desde las brillantes cabinas,
la música torpe.
Un peón barre
el suelo. Un empresario
vuelve la hoja de un libro mayor.
En la mañana,
la iglesia de lo carnal
abrirá: hombres de barba gris
con ropas de maternidad,
enanos con zancos,
un flaco tocando como un tambor
su estomago tenso.
Desfilarán más allá de la estación de policía,
esparcerán sus prospectos,
y desaparacerán.
Después de un tiempo, los carteles
se despegarán de la pared.
Estaremos en la calle de pie,
despojados.

Clown

During the night, as we sleep,
a carnival hangs its banners
at the end of the street.
Shadows leak from the bright booths,
the clumsy music.
A roustabout pushes
a broom. An impresario
turns the leaf of a ledger.
In the morning,
the church of the carnal
will open: grey-bearded men
in maternity clothes,
midgets on stilts,
a thin man drumming
on his taut stomach.
They'll parade past the police station,
scatter their handbills,
and disappear.
After awhile, the posters
will peel off the wall.
We'll stand in the street,
bereft.

Corpus

1. Espejo

Cara plana
una vieja lámina de espejo
en un garaje polvoriento
bordes biselados
el azogue se ha desconchado
un agujero donde debería estar
mi ojo

2. Como convertirnos en quienes somos

La cortadura que hace el papel se engancha
en todo,
el borde de la piel un pequeño dolor
a cada movimiento.
Se tiene la sensación
de que el dedo
y la mano no encajan.

Tiene que
sanarse. Hacerse integro.

Corpus

1. Mirror

Flat face
an old slab of mirror
in a dusty garage
beveled edges
the silver's chipped
a hole where my eye
should be

2. How to become who we are

The paper cut catches
on everything,
the edge of skin a small pain
at each movement.
There is a sense
the finger
does not fit the hand.

It is necessary to
heal. To become whole.

Hijas IV

los cimientos de la casa
los cimientos
las grandes piedras
el cemento las aprieta
con sus dientes
y la madre que respira
debajo, la soñadora
convierte en arena la roca de fondo
es un mundo, su mano
lo hace girar y se desconchan
piedrecillas; es el hogar,
ella es la constructora
la albañil cuyos gruesos brazos
echaron la zapata
el sudor resbala por su cuerpo como luz solar
pero los pares crujen de noche
mientras se asienta, mientras ella respira
en la tierra, sus huesos
se deslizan hacia el sueño

Daughters IV

the foundations of the house
the foundations
the great stones
cement grips them
with its teeth
and the breathing mother
underneath, the dreamer
turns bedrock to sand
it's a world, her hand
turns it and little pieces
flake off; it's home,
she's the builder
the stone mason whose thick arms
laid the footing
sweat runs off her like sunlight
but the rafters creak at night
as it settles, as she breathes
in the ground, her bones
slide away into the dream

Hijas I

1.
La anciana tiene ojos verdes. Se envuelve en un chal tejido. Se
sienta en el parque y parece que te morderá si le sonríes.

2.
Energía visceral es cuando estás demasiado aterrado para no hacerlo.

3.
La escultura es un coño de cañamazo rojo brilloso relleno de
dacrón con cuatro plumas blancas con las puntas negras en el
doblez. Dices que el vacío es un falo.

4.
En los libros eruditos respetables traducidos del francés, no se
dice "coño."

5.
Cuando naciste, se sentía tan mal debido al parto, a los
medicamentos, a las enfermeras y los médicos manoseándola, que al
verte sólo volvió a sentir náuseas. O siempre lo pensaste.

6.
Es algo en lo que siempre habías preferido no pensar de todos
modos, aunque sí llama la atención sobre sí a veces con la sangre
o el calor. Pero posee una cierta economía. Nunca tienes que
pensar en la forma de los pantalones, por ejemplo.

7.
En el carro discutimos sobre el poder y el atractivo sexual, como
Picasso o Casals o casí cualquier juez de la suprema corte
siempre puede encontrar una joven con la cual acostarse. Vieja
barriga arrugada, cerdas blancas por toda la espalda, verga como
un gusano entre cardos. Esa vieja con su chal verde es en realidad
la presidenta de los Estados Unidos, sus senos moviéndoseles
como cañamazos vacíos. Por eso es peligrosa.

8.
Dices estar consciente de la competencia sexual con tus hijas.

Daughters I

1

The old lady has green eyes. She wraps up in a knitted shawl. She sits in the park and she looks like she'll bite if you smile at her.

2

Gut energy is when you are too terrified not to do it.

3

The sculpture is a shiny red canvas cunt stuffed with dacron, with four white black-tipped feathers at the fold. You say the emptiness is a phallus.

4

In respectable scholarly books translated from the French, one does not say "cunt."

5

When you were born, she was feeling so lousy from the labor, the drugs, the nurses and doctor feeling her up, that the sight of you only made her nauseous again. Or you always thought so.

6

It's something you'd always preferred not to think about anyway, although it does call attention to itself sometimes with blood or heat. But it has a certain economy. You never have to wonder about the shape of pants, for example.

7

In the car we discuss power and sex appeal, how Picasso or Casals or almost any octogenarian Supreme Court Justice can always find a young woman to sleep with. Old wrinkled belly, white bristles all over his back, cock like a worm among thistles. That old lady in the green shawl is really the President of the United States, her breasts lapping like empty canvas. That's why she's dangerous.

8

You say you are aware of sexual competition with your daughters.

En Tiempo de Tornados

Ceniza mojada, la luz
sopla a través de la carretera
manejo con el acelerador pisado hasta el fondo
trecho de sesenta millas a través de la llanura
voy a escuchar poesía
el cielo a punto
de salirse, olla tapada
la presión baja
se hace aun más llano el paisaje
vigilo el horizonte para evitar los policías
imagino el viento:
cien millas al oeste le ha
cortado dos pisos a un hospital
ha destrozado dos millas de Kalamazoo
nada de lo que nadie lea esta noche
será lo bastante borrascoso

In Tornado Weather

wet-ash light
blows across the road
I'm driving with my foot to the floor
sixty miles over flat midwestern highway
driving to hear poetry
the sky ready
to boil over, a lid clamped on
the pressure drops
flattens the landscape further
I watch the horizon for state troopers
think of the wind:
one hundred miles to the west it has
sliced the top off a hospital
smashed two miles of Kalamazoo
nothing anyone will read tonight
is wild enough

Arte de la Fuga, II

Dos voces.
¿Qué sabemos? Avanzamos
como niños con los ojos vendados
construyendo una torre de
cubos. Coloco el primero:
A – puedo palparlo con mis dedos,
los bordes de madera astillados, las grandes
mayúsculas en bajo relieve.
El A es el más grande.
Colocas el siguente,
un caballo verde en un lado; y una vaca
azul. ¿Cómo lo sabes si no puedes
ver?
Mi tercero es de plástico, liso y
pesado, agrietado en una de las caras. El cuarto tuyo
sobresale, precario,
un poco más grande. Debo tener cuidado
con el equilibrio. Coloco
uno más pequeño, otro de madera.
Recuerdo que es rojo. Me
retas; ¿cómo puedo saber
nada? La torre se mece
invisible.
Igualando nuestros gestos,
amenazamos y
construímos.

Art of the Fugue, II

Two voices.
What do we know? We go ahead
like blindfolded children
building a tower of
blocks. I place the first one:
A - I can feel it with my fingers,
the wooden edges chipped, the large
capitals bas-relief.
A is the biggest.
You place the next,
a green horse on one side; and a blue
cow. How do you know if you can't
see?
My third is plastic, smooth and
weighted, cracked on one face. Your fourth
hangs out, precarious,
a bit too big. I must be careful
balancing. I place
a smaller one, another wood.
I remember it's red. You
challenge me; how do I know
anything? The tower sways
invisible.
Matching gestures,
we threaten and
build.

Fragmento de un Sueño: El Metro

Tu bigote hace señales:
las máquinas vendedoras de chicle
al instante se vuelven peligrosas.
Con paso furtivo camino entre los pilares
de hombres que esperan el tren
y clavo la mirada en los anuncios por encima
de los ojos de todos.
Las estaciones saltan
como estática
en el túnel; salgo
en Moscú, en un subterráneo legendario
donde me recibes, vestido de pieles.

Dream Fragment: A Subway

Your moustache signals:
gum machines
instantly become dangerous.
I sidle among the pillars
of men waiting for trains
and stare at ads above
everybody's eyes.
Stations jump
like static
in the tunnel; I emerge
in Moscow, a legendary underground
where you meet me, dressed in furs.

II

From *Mothering* / de *Mothering*

investigando el cuerpo . en la tienda de las maravillas levanta
una tacita rosada hecha de porcelana; sostenida en la luz, espejea,
sombras en una luminosidad rosada . pasa sus dedos
alrededor del borde liso . su cuerpo se parece a ellos, a los
objetos mágicos que colecciona: brochas de pelo de tejón, rosas
que florecen misteriosamente en el cristal, cuantas de coral
rodando por sus dedos, labios de bebé, pezones

si estira su espalda, su sangre se arremolina y enardece y entonces
vuelve a la calma lentamente . si pasa los dedos a lo largo del
esternón siente escalofríos . sus senos caben en sus manos con
peso familiar, cambiando de forma mientras observa, tornándose
más perfectos mientras observa, como una flor en el sol . el
pelo de su cuerpo ronronea cuando lo acaricia

❈

ella sueña con el niño siendo major, sentándose en la cerca de un
potrero . hay caballos dispersos sobre la verde colina; el viento
agita sus crines y el pelo de él que cae sobre su cara vuela hacía
atrás; tiene ojos moteados, gris con pintas negras y una llamarada
marrón alrededor del iris, como los ojos del hermano de ella .
el rostro de él es tan hermoso, varonil y femenino, que ella se
siente confundida; el cuerpo de él con sus ropas la hace pensar
en ese mismo cuerpo sin ropas . los ojos de él crecen hacia el
interior de ella como árboles, las largas raíces se infiltran entre las
piedras . ella no sabe si amarlo como hombre o como mujer

hay gansos en el cielo, V's y V's aparecen como niebla en el sur,
enfocándose, pasando por encima con un ruido de bocinas .
ella puede ver los pechos pálidos de los gansos, los largos cuellos
negros estirándose hacia el norte como un emblema de pasión .
hasta los caballos miran hacia arriba . ella piensa que es un
sueño sobre el regreso al hogar

❈

el príncipe mágico espera dentro de ella . aunque es una
presencia de dolor; aunque se retuerce dentro de ella, aunque

investigating the body . in the shop of wonders she picks up a
small pink cup made of porcelain; held to the light, it glimmers,
shadows in a glow of pink . she moves her fingers around the
smooth rim . her body seems like that, like the magic objects
she collects: furred badger brushes, roses blooming mysteriously
in crystal, coral beads rolling in her fingers, baby-lips, nipples

if she stretches her back, the blood swirls and glows and then
settles slowly . if she moves her fingers along her breastbone,
she feels chill . her breasts fit into her hands with familiar
weight, changing shape as she watches, becoming more perfect as
she watches, like a flower in the sun . the fur of her body purrs
when she strokes it

※

she dreams of the child grown up, sitting on the fence of a
paddock . horses are scattered over the green hill; the wind
blows their manes and his hair blows back from his face; he has
dappled eyes, grey with black flecks and a brown flare around the
iris, like her brother's eyes . his face is so beautiful, manly and
womanly, that she is confused; his body in his clothes makes her
think about his body without clothes . his eyes grow into her
like trees, the long roots infiltrate between the stones . she
doesn't know whether to love him as a man or as a woman

there are geese in the sky, V's and V's appearing like mists in the
south, resolving, passing overhead with a noise of horns . she
can see the pale breasts of the geese, the long black necks
stretching northward like an emblem of passion . even the
horses look up . she thinks it is a dream of homecoming

※

the magic prince waits inside her . although he is a presence of
pain, he loves her; although he twists inside her, although he

cojea, su rostro brilla como una luna con un halo de hielo y ella
quiere ser lo que él es, retorcida de dolor y belleza como un
cuchillo de plata dentro de sí misma haciéndole el amor . en la
tienda de las maravillas encuentra una vieja estaca de ferrocarril,
cepillada con un cepillo de acero hasta adquirir un brillo
broncíneo, picada pero lisa como una piedra o algo vivo.

�֎

caminando en el desierto, ella ve algo tendido en la arena . lo
levanta; es una lámpara; ella dice, qué aburrido, ya ésta la he
escuchado antes . no puede leer la inscripción porque está
sucia, así que comienza a frotar y a pulir . se siente como la hija
de su madre, siempre limpiando . la lámpara se agranda pero
no sucede nada

caminando en el desierto, ella ve algo tendido en la arena . lo
levanta; es un pene . cuando lo frota aparece un genio que dice,
yo soy el Principio del Placer . tres deseos te serán concedidos

✖

lo maravilloso es la forma en que los músculos largos de su
espalda se extienden próximos los unos a los otros, haciendo un
largo valle que sube y baja por su espina

lo maravilloso es la forma en que ella camina en ese valle
mirando al berro crecer silvestre en el agua limpia, y las pequeñas
truchas marrones, y la yerbabuena dulce creciendo en la sombra,
y el no-me-toques colgando por todas partes sus joyas naranja
moteado

lo maravilloso es como se suceden

lo maravilloso es la forma en que las nalgas de él caben en las
manos de ella, y la forma en que sus senos caben en las manos
de él, y la frescura de su nariz contra el vientre de ella cuando el
besa su cintura

✖

walks with a limp, his face shines like a moon with a halo of ice
and she wants to be what he is, twisted with pain and beauty like
a silver knife inside her making love to her . in the shop of
wonders she finds an old railroad spike, steel-brushed to a
bronze sheen, pitted but smooth like stone or something living

※

walking in the desert, she sees something lying in the sand .
she picks it up; it is a lamp; she says, how boring, I've heard this
one already . she can't read the inscription because it's dirty, so
she begins to rub and polish . she feels like her mother's
daughter, always cleaning . the lamp grows larger but nothing
happens

walking in the desert, she sees something lying in the sand .
she picks it up, it is a penis . when she rubs it a genie appears
who says, I am the Pleasure Principle . you have three wishes

※

the marvel of it is the way the long muscles in his back lie next to
each other, making a long valley that goes up and down his spine

the marvel of it is the way she walks in that valley looking at the
watercress growing wild in the clean water, and the little brown
trout, and sweet spearmint growing in the shade, and touch-me-
not hanging its speckled orange jewels everywhere

the marvel is how they follow each other

the marvel is the way his buttocks fit into her hands, and the way
her breasts fit into his hands, and the coolness of his nose against
her stomach when he kisses her waist

※

cuando él la sostiene ella escucha el latido del corazón que reaparece de su aliento, su voz, como el sol levantándose de nuevo cada mañana . ella dice, hola, todavía estás ahí, y este dice hola

ella dice, es como una herida . no creí que regresaras, y ahora es como si nunca te hubieses marchado, sólo que ahora hay una cicatriz . ella se mira la rodilla donde se cayó en Francia, su dedo índice derecho con una lata afilada, su hombro con una vacuna para la viruela en primer grado . estudia el registro casi invisible de los arañazos de gato en el dorso de sus manos . mira en el espejo: debajo del ojo izquierdo donde la puerta del botiquín le puso un ojo morado, la mejilla derecha donde un gatito correteó en medio de la noche . marcas distintivas

ella dice, el niño yace en el lecho de noche y llora y nada que yo pueda hacer lo mejorará . dice, miro hacia abajo desde la ventana y la luna hace un agujero, baja y baja y el mundo entero se pierde en él . el regreso jamás compensará la partida

⁂

ella lo ve caminando hacia ella a través del fondo del mar, en cámara lenta . la luz es azul y al desplazarse cae en cortinas y rayos . hay peces por todas partes, nadando entre ellos como estrellas, azules y rayados y brillosos . él camina como un robot, si la sujeta ella escuchará el funcionamiento de su motor, ella puede sentir las tuercas y los tornillos que mantienen sus codos unidos

ella dice, Buzo del Mar Profundo te amo con tu silencio con tus movimientos azul oscuro con el mundo que se marcha flotando con nacimiento y muerte en un lugar

⁂

manejando por la larga hondonada del valle, áridas colinas de arena en la lejanía a ambos lados, postes de energía eléctrica saltando rítmicamente por el rabillo de su ojo . ve a Alwin parado a un lado del camino delante, un hombrecito regordete

when he holds her she listens to the heartbeat reappearing out of
his breath, his voice, like the sun coming up again every morning
. she says, hello, you're still there, and it says hello

she says, it's like a wound . I didn't believe you'd come back,
and now it's like you never left, except there's a scar . she looks
at her knee where she fell in France, her right index finger from a
sharp can, her shoulder from a smallpox vaccination in first
grade . she studies the almost invisible record of cat-scratches
on the backs of her hands . she looks in the mirror: under her
left eye where the medicine chest door gave her a black eye, the
right cheek where a kitten scampered in the middle of the night
. distinguishing marks

she says, the child lies in his bed at night and cries and nothing I
can do makes it better . she says, I look down from the
window and the moon makes a hole, it goes down and down
and the whole world is lost in it . coming back will never make
up for going away

꙳

she sees him walking toward her across the sea floor, slow-
motion . the light is blue and shifting it falls in curtains and
rays . there are fish all around, swimming between them like
stars, blue and striped and shiny . he walks like a robot, if he
holds her she will hear his engine running, she can feel nuts and
bolts holding his elbows together

she says, Deep Sea Diver I love you with your silence with your
dark blue movements with the world floating away with birth
and death in one place

꙳

driving down the long hollow of the valley, barren sand hills far
back to either side, electric power poles snapping rhythmically
past her eye . she sees Alwin standing at the side of the road
ahead, a little squat man in a flat hat, dissolving to become a

con un sombrero achatado, disolviéndose hasta convertirse en una señal de tráfico . un autostopista desaparece dentro de una caja telefónica en un poste . en el crepúsculo azul ella ve al Buzo del Mar Profundo nadando a través del campo cosechado, su escafandra fusionándose con la torre de agua

ella dice, yo pueblo, yo fecundo, yo lleno el mundo vacío con mi mente, aliados y enemigos ex nihilo, por soledad

las luces de un camión acarician el hombro de ella, parpadeando en el espejo . ella lo siente subiendo por el camino detrás de ella, el poder del motor, el peso de la gran cabina y el doble remolque pasándole por encima a su pequeño carro y quebrando la cáscara, la sacudida, el traqueteo y el estruendo del camión que se acerca entrando a la fuerza en su cuerpo y asumiendo el control, aposentándose en sus muslos y en su coño y estomago, frotando y retumbando, haciéndose un hogar . la gran bocina del camión rompe el aire, la rompe a ella, sacudiéndola, el viento de su estela empuja el carro a través del carril mientras él pasa . ella sigue sus luces posteriores por el camino azul oscuro, los faros de él brillando en los contracarriles en las curvas próximas, tres luces amarillas encima del remolque la acompañan en la oscuridad

meciéndose, meciéndose, meciéndose, meciéndose, la marea llegando lentamente hacia la orilla, cadenas de algas marinas trenzándose y los guijarros rodando por el fondo, los paguros se mueven a tientas en el fondo en sus caparazones prestados, él la mece por el fondo del mar . el mero nada y mira fijamente a través de la ventana de la guardería infantil . chico bien parecido, le dice al Buzo del Mar Profundo, ¿es una chica? . él está dando ocho cigarros al pulpo, sonríe, todos están felices

a ella le preocupa su pecera de lebistes . se siguen muriendo, no sabe que hacer, recuerda la pecera de su padre en el sótano . lleno de polvo . todos los peces murieron y se dio por vencido

road sign .   a hitchhiker disappears into a call box on a pole .
in the blue dusk she sees Deep Sea Diver swimming down across
the harvested field, his helmet merging with the water tower

she says, I populate, I fecundate, I fill the empty world with my
mind, allies and enemies ex nihilo, out of loneliness

the lights of a truck stroke her shoulder, winking in the mirror .
she feels it pulling up the road behind her, the power of the
engine, the weight of the great cab and double trailer rolling
over her small car and cracking the shell, the push and pull and
roar of the approaching truck forcing itself into her body and
taking over, settling into her thighs and cunt and belly, rubbing
and rumbling, making itself a home . the great horn of the
truck breaks the air apart, breaks her apart, shaking , the wind
from his slipstream pushes the car across the lane as he passes .
she follows his taillights up the dark blue road, his headlights
glowing off the guardrails on approaching curves, three yellow
lights on top of the trailer keep her company in the dark

rocking, rocking, rocking, rocking, the tide coming slowly into
shore, chains of kelp twisting and pebbles rolling along the
bottom, the hermit crabs groping in their borrowed shells along
the bottom, he is rocking her at the bottom of the sea . the
grouper swims by and stares in through the nursery window .
nice-looking kid, he says to Deep Sea Diver, is it a girl? . he is
giving eight cigars to the octopus, he smiles, everyone's happy

she worries about her guppy tank . they keep dying, she
doesn't know what to do, she remembers her father's tank in the
basement . full of dust . all the fish died and he gave it up

la estrella de mar la está besando con sus ventosas . la luz azul se desplaza a su alrededor como satén . a veces piensa que él trae la luz consigo, como un aura . ella dice, eres un planeta y es tu atmósfera, sus burbujas ascienden . cuando está con él a veces es muy ingeniosa

ella no sabe qué hacer, dice: ¿cómo puedo retener esto? no sé nadar, ¿cómo puedo quedarme aquí contigo? ¿qué quieres? lo ve sonriendo a través del vidrio de la escafandra, él está diciendo algo, pero sólo oye burbujas, parece decir "bésame, estúpida", y ella comienza a enojarse . méceme un poco más, dice ella, no quiero pensar en ello

se sienta en el fondo del mar en el borde de la concha de una almeja . el Buzo del Mar Profundo se sienta en la otra mitad, ella toca su cara y él toca la de ella, y ella dice Ostras, él dice YingYang y suena como una campana tocando a lo lejos . cuando hacen el amor todos los peces nadan a su alrededor con un ruido de satén y de apretones de mano . van a caminar para ver el naufragio, tomados de la mano, con los hipocampos tras de ellos como en un cuento de hadas . cuando hacen el amor ella lo mece y él acaricia el vientre de ella y ella no teme a los afilados corales y a las morenas

el sol brilla en el collar de burbujas que cuelga del marco de la ventana, las diminutas esferas plásticas como pompas de jabon congeladas en la vieja diapositiva estereoscópica del padre de ella leyéndole cuentos para la hora de acostarse del libro del Huevo de Oro . en la primera burbuja, ella ve una zanahoria silvestre al revés . en la segunda burbuja ve un cardo . dice, debo podar el césped, parece como el barbecho de alguien . en la tercera burbuja ella ve a la Reina de la Noche ofreciéndole su regazo, sus piernas como los pilares del templo . dormir, dice ella, bienestar, una caricia, algo que sepa bien y que no sea en beneficio mio, algo porque me guste . la Reina es como una

the starfish is kissing her with his suction cups, the blue light
shifts around her like satin . sometimes she thinks he brings
the light with him, like an aura . she says, you're a planet and
it's your atmosphere, their bubbles float upwards . when she is
with him she is sometimes very witty

she doesn't know what to do, she says: how can I keep this? I
can't swim, how can I stay here with you? what do you want? she
sees him smiling through the faceplate, he is saying something
but all she hears is bubbles, it sounds like "kiss me, stupid" and
she starts to get mad . rock me some more, she says, I don't
want to think about it

※

she sits at the bottom of the sea on the edge of a clamshell .
Deep Sea Diver sits on the other half, she touches his face and he
touches her face, and she says Oysters, he says YingYang and it
sounds like a bell ringing far away . when they make love all
the fish swim around them with a noise of satin and handshakes
. they go for a walk to see the wreck, holding hands, with the
seahorses following them like a fairy-tale . when they make
love she rocks him and he strokes her belly and she is not afraid
of the sharp corals and the moray eels

※

the sun shines in the bubble necklace hanging from the window
frame, the tiny plastic spheres like frozen soap bubble in the old
stereopticon slide of her father reading them bedtime stories
from the Golden Egg Book . in the first bubble, she sees a
Queen-Anne's-Lace upsidedown . in the second bubble she
sees a thistle . she says, I need to get the lawn mowed, it looks
like someone's back forty . in the third bubble she sees the
Queen of Night offering her a lap, her legs like the pillars of the
temple . sleep, she says, comfort, a caress, something which
tastes good and is not for my benefit, something because I like it
. the Queen is like a great mother fish with the little fish

gran madre pez con los pecesitos juntos en su sombra, un pez
que no se come sus bebés, y las burbujas son su hermoso
lenguaje

※

el pensamiento en su mente es sangre, mula destrozada en el
fondo del desfiladero . ella obliga a su mente, pero es excitante,
sexual, obliga a la epifanía de cuchillos, respirando más fuerte
contra la seda anudada, los tendones de su cuello palpitando
contra ésta, magullando . qué tan lejos puedo ir, observando la
luna que toca la montaña en mi cabeza, observando sus manos
trabajando las corrientes como un tejedor, para mantenerse
inmóvil, pero yo me estoy alejando . él se está volviendo un
sueño humedo; ¿quién está detrás de la máscara? . besarlo es
como besar un plato

bufanda rojo apagado huyendo de su garganta, reduciéndose
hasta hacerse humo . quiero poner mis manos en tu herida,
quiero sentir el pulso avanzando caliente entre mis dedos y
huyendo hacia el mar, llevándote . regresas, te marchas,
regresas, mueres en mí . ya no puedo decir tu nombre . el
mar está lavando mis manos de ti, el mar está disolviendo mis
ojos, mundos de lágrimas

gathered in its shadow, a fish who doesn't eat her babies, and the bubbles are their beautiful speech

※

the thought in her mind is blood, smashed mule at the bottom of the gorge, sweat . she forces her mind, but it's exciting, sexual, she forces the epiphany of knives, breathing harder against the knotted silk, her neck tendons throbbing against it, bruising . how far away can I go, watching the moon touch the mountain in my head, watching his hands working the currents like a weaver, to hold himself still, but I am moving away . he is turning into a wet dream; who's behind the mask? . kissing him is like kissing a dinner plate

dull red scarf running away from his throat, thinning to smoke . I want to put my hands in your wound, I want to feel the pulse coming hot between my fingers and running away into the sea, taking you away . come back, go away, come back, dying into me . I can't say your name any more . the sea is washing my hands of you, the sea is melting my eyes, worlds of tears

III

Proofs / Pruebas

Eligiendo Tu Propio Apellido

Auto
determinada.
Este es el precio de varias libras de café.
Es tu apellido, el apellido de tu padre,
el apellido del esposo de tu madre,
el de tus abuelos y bisabuelos
retrocediendo a través de la historia.
Esta es una pulsera de oro en tu muñeca izquierda,
una correa de cuero en el tobillo.
Si deseas elegir
tu propio apellido
deberás ayunar en las colinas por tres días
deberás juntar 6 gotas de sangre menstrual en una taza
deberás mecanografiar 85 palabras por minuto
deberás participar en el maratón de Boston.
Pídele al espíritu de la madre de
la madre de tu madre que te aconseje
pero nunca le pidas permiso a nadie
o lo perderás.
Si pides a tu apellido
que se manifieste
te responderá a medianoche
cuando sostengas la cabeza de tu esposo
en tu regazo
te responderá a las 4 de la tarde
y hará que se te caiga la camisa que planchas
se infiltrará en tu maletín
y aparecerá en el encabezado de un memo de tu jefe.
Elige tu apellido.
Elige tu destino.

*En los Estados Unidos, por tradición, la mujer cambia su apellido
legal al casarse por él de su esposo.*

Choosing Your Own Name

Self
determined.
This is the price of several pounds of coffee.
It is your name, your father's name,
your mother's husband's name,
the name of grand and great-grand fathers
stretching back through history.
This is a gold bangle on your left wrist,
a leather cuff on your ankle.
If you wish to determine
your own name
you must fast in the hills for three days
you must collect 6 drops of menstrual blood in a cup
you must type 85 words per minute
you must run the Boston marathon.
Ask the spirit of your mother's
mother's mother to advise you
but never ask permission of anyone
or you will lose it.
If you ask your name
to declare itself
it will answer you at midnight
when you hold your husband's head
in your lap
it will answer you at 4 P.M.
and make you drop the shirt you are ironing
it will infiltrate your briefcase
appearing at the top of a memo from your boss.
Choose your name.
Choose your destiny.

Teorema

La percha para abrigos
es un ideal del cuerpo.
Cuelga del perchero
que tiene forma de árbol
no como una rama sino como
mis hombros. Mi sombrero vacío
es una cabeza ideal:
aire y sombra.

La percha
demuestra un teorema,
dos lados iguales
y uno diferente.
No como mi cuerpo,
que envuelve su esqueleto en
detalles carnosos.

El perchero,
delgado como una modelo de Vogue,
equilibra el peso del abrigo,
sus pies tiernos como zapatos de tacón alto.
El abrigo es pesado
como algo vivo
curvando su protección en torno
al espacio vacío.

Theorem

The coat hanger
is an ideal of the body.
It hangs on the coat tree
not as a branch but as
my shoulders. My empty hat
is an ideal head:
air and shadow.

The coat hanger
proves a theorem,
two sides equal
and one different.
Not like my body,
which wraps its skeleton in
meaty particulars.

The coat tree,
thin as a Vogue model,
balances the weight of the coat,
its feet tender as high-heeled shoes.
The coat is heavy
like a living thing
curving its protection around
empty space.

Poema del Diablo Comilón

oreja, cara, boca, lengua, dientes
(dientes)
garganta, cuello, nariz
(dientes)
mentón, mejillas, cejas, pelo, brazos
(dientes)
pecas
(dientes)
piernas, rodillas, costillas, intestinos, hombros
corazón, pulmones, cerebro, dientes
(dientes)
espina
(dientes)
dedos de los pies, uñas, genitales, ojos
(dientes)
ojos
(dientes)
su hambre

Eating Devil Poem

ear, face, mouth, tongue, teeth
(teeth)
throat, neck, nose
(teeth)
chin, cheeks, eyebrows, hair, arms
(teeth)
freckles
(teeth)
legs, knees, ribs, intestines, shoulders
heart, lungs, brain, teeth
(teeth)
spine
(teeth)
toes, nails, genitals, eyes
(teeth)
eyes
(teeth)
their hunger

Plano de Incidencia

El espejo dice, "¿Y qué?"
Pareces un globo: tensa y prospera
o arrugada, triste, desinflada.
Los antepasados descorren el velo,
miran desde una impresión de tu rostro,
pero solo momentaneamente,
como al poner un dedo dentro del agua—
entonces se sana la superficie.
Fluido plateado: tiempo, mercurio
de un termómetro clínico roto
persiguiendo su cola
sobre la frazada.
Bésala, la plana superficie de ti misma.
Ponte el pintalabios,
pintate las uñas.
Apréstate para salir,
brillando como una estrella polar
en la oscuridad.
Abajo te espera para la cita,
examinando su pelo,
mirando el reloj.
En ese primer momento
vuestros rostros se reflejáran el uno al otro,
vacíos y pálidos.

Plane Surfaces

The mirror says, "Big deal."
You look like a balloon: taut and prosperous
or wrinkled, sad, leaked-out.
Ancestors part the veil,
peer through an impression of your face,
but only momentarily,
like putting a finger into water—
then the surface heals.
Silver fluid: time, mercury
from a broken fever thermometer
chasing its tail
on the blanket.
Kiss it, the flat surface of yourself.
Put on your lipstick,
polish your nails.
Get ready to go out,
shining like a polestar
in the darkness.
Your date is downstairs,
checking his hair,
looking at his watch.
In that first moment
your faces will reflect each other,
empty and pale.

La Sub V.P.
Imagina que es una Carnicera

En su negocio
la sangre es una mercancía.
Los cuartos de res cuelgan en el refrigerador;
los cuchillos y las cuchillas destellan.
Paletilla. Cuarto trasero. Solomillo.
Cuando los clientes entran, la campanilla
tintinea sobre la puerta.

El olor a sangre es amistoso:
dos chuletas, una libra de redondo de res molida.
Sus manos acarician una paletilla de cordero,
mollejas, las ristras limpias de salchichas.
Envuelve los filetes en papel marrón crujiente.
Un gato amarillo se zampa sus restos de higado
y se sienta a lavarse en una ventana soleada.

Es trabajo frio;
a veces le duelen las manos.
De noche sueña
que camina por una acera
con el brillo negro-gris del acero.
Manos secas cuelgan en los escaparates.
Tiene hambre.

The Assistant V.P.
Imagines Herself as a Butcher

In her business
blood is a commodity.
Beef sides dangle in the cooler;
knives and cleavers gleam.
Chuck. Rump. Sirloin.
When customers come in, the bell
tinkles over the door.

The smell of blood is neighborly:
two chops, a pound of ground round.
Her hands caress a shoulder of lamb,
sweetbreads, the clean strings of sausages.
She wraps filets in crisp brown paper.
A yellow cat wolfs his liver scraps
and sits down to wash in a sunny window.

It's cold work;
sometimes her hands ache.
At night she dreams
she is walking down a sidewalk
with the black-grey sheen of steel.
Dried hands dangle in shopwindows.
She's hungry.

Jenny el Terrón Lee su Galleta de la Fortuna

¡Ay! ¡Tu eres la niña de mis ojos!

¿Un admirador secreto en la cocina?
¿Un poeta dadá en una fábrica de galletas de la fortuna?
¿El tipo que una vez dejó
un mensaje dulcemente obsceno
en su contestador?
Examina su conciencia,
verifica su libro de citas.
¿Qué ha hecho?

Jenny the Lump Reads her Fortune Cookie

Alas! You are the apple of my eye!

A secret admirer in the kitchen?
A dada poet in a fortune cookie factory?
The guy who once left
a sweetly obscene message
on her answering machine?
She examines her conscience,
checks her appointment book.
What has she done?

Jenny el Terrón Aprende a Tejer

La lana en el salón de la hiladora
brilla, suntuosa.
Teje uno, salmodia ella. Uno al revés.

Su contable dice que tiene otras clientes
que tejen mientras él calcula sus impuestos,
pero la mayoría son más viejas.

Se sana con lentitud.
Los problemas y las decepciones
roen sus entrañas.

Cuatro agujas,
para hacer zapatillas, guantes o gorros,
El gato mastica bolsas plásticas de la compra.
¡Teje más rápido!

Puede tejer frente al televisor.
¿Podrá tejer en las reuniones?
¿En el discurso de bienvenida del Presidente?

¿En la cama?
¿En vez de dormir?
¿En vez de tener sexo?

¿Tejía Nerón mientras ardía Roma?

Jenny the Lump Learns to Knit

The wool in the spinner's parlor
glows, sumptuous.
Knit one, she chants. Purl one.

Her accountant says he has other clients
who knit as he does their taxes,
but they're mostly older.

She heals slowly.
Trouble and disappointment
pick at her innards.

Four needles,
to make slippers, mittens or skullcaps.
The cat is chewing on plastic shopping bags.
Knit harder!

She can knit in front of the TV set.
Can she knit in meetings?
At the President's welcome speech?

In bed?
Instead of sleep?
Instead of sex?

Did Nero knit while Rome burned?

A Jenny el Terrón le Faltan el Respeto

Jenny el terrón
tenía sólo 4 pies de estatura,
y era redonda,
así que algunas personas pensaron
que era fácil.
Una vez, caminaba
por la 8va avenida
disfrutando del aire nocturno
cuando de repente apareció un tipo que
pensó (¡el pobre imbecil!) que
podía sobar un buen culo.
De cual ella tenia una considerable porción.
Bueno, Jenny el terrón
estiró el brazo
y le propinó tal golpe
que lo envió de cabeza a través
de tres cuadras de escaparates
y aterrizó en una cuba de espaguetis
en la calle 23.

Jenny the Lump Gets Molested

Jenny the Lump
was only 4 feet high,
and round,
so some people thought
she was easy.
One time, she was
walking down 8th Avenue
just enjoying the evening air
when some dude came along and
thought (the fool!) he'd
grab some ass.
Which she had a fair amount of.
Well, Jenny the Lump
reached around behind
and swatted him headfirst through
three blocks of storefronts
into a vat of spaghetti sauce
on 23rd Street.

Jenny Caja Sorpresa

Abre la boca;
Algo salta hacia afuera.
Si el viento sopla fuerte
se la llevará.

Algo salta hacia afuera,
¡un globo rojo!
Se la llevará
con su propio ímpetu.

Un globo rojo
(debería pensar antes de hablar)
con su propio ímpetu.
Relampaguea.

Debería pensar antes de hablar.
El viento sopla fuerte.
Relampaguea
mientras abre la boca.

Jenny Jack-in-the-Box

Her mouth opens;
something jumps out.
If the wind blows hard
she'll be carried away.

Something jumps out,
a red balloon!
she'll be carried away
on her own momentum.

A red balloon
(she should think before speaking)
with its own momentum.
Lightning flashes.

She should think before speaking.
The wind blows hard.
Lightning flashes as
her mouth opens.

Jenny el Terrón Busca Trabajo

En días como este
Jenny no está segura
de que su madre estuviese equivocada.
Suda en la sala de espera.
"Negro, sin azúcar.
Gracias."
Sus sonrisas se contraen nerviosamente en las comisuras
pero su apretón de manos es firme.
"No, no puedo escribir a máquina."
Sueña con manejar un camión.

Jenny the Lump Looks for a Job

On days like this
Jenny's not sure
her mother was wrong.
She sweats in the reception room.
"Black, no sugar.
Thank you."
Her smiles twitch at the corners
but her handshake's firm.
"No, I can't type."
She dreams about driving a truck.

La Aventura de Inky

Al gato negro de Jenny el terrón
le gustaba perseguir cucarachas.
Pero se sintió muy frustrado cuando
¡desaparecieron por el desaguadero!
Intentó pescar
con papas fritas blandas.
Le puso el tapón al fregadero
(pero bajaron por la cañería de desagüe.)
De nada sirvió.
Finalmente, decidió
tomar medidas heroícas.
Abrió el agua caliente,
llenó el fregadero, se sentó en éste
por horas hasta que finalmente se disolvió
por completo. Pensó que perseguiría a
dichas cucarachas bajando por el desagüe.
Cuando Jenny volvió a casa, lo llamó una y otra vez
pero a él sólo le salían
burbujas. Pensó que era un
fregadero lleno de tinta (no podía comprender
¡de donde habia salido aquello!)
Tiro del tapón.
No era en absoluto lo que él habia esperado.
Abajo se fue, ligeramente contaminado,
a través del sifón, del quinto,
cuarto, tercero, segundo y primer pisos,
fue a dar a la cloaca
luchando por su vida
pedazos de cáscara de naranja y hojas de apio
cruzaban su arteria principal
su mierda se mezcló con la de todos los demás
así que pensó que nunca lograría
componerse.
Habían unas cucarachas allá abajo, de acuerdo,
pero para entonces
no le importaba mucho.
Se dirigió al bajío

Inky's Adventure

Jenny the Lump's black cat
liked to chase roaches.
But he got so frustrated when they
vanished down the drain!
He tried fishing
with limp potato chips.
He put the plug in
(but they went down the overflow.)
Forget it.
Finally, he decided
to take heroic measures.
He turned on the hot water,
filled the sink, sat in it
for hours, til he finally dissolved
completely. He thought he'd
chase those roaches down the drain.
When Jenny got home, she called and called
but he could only
bubble. She thought he was
a sinkful of ink (couldn't figure out
where that came from!)
She pulled the plug.
It wasn't at all what he'd expected.
Down he went, slightly polluted,
through the U-joint, the fifth,
fourth, third, second and first floors
came out in the sewer
fighting for his life
pieces of orange peel and celery tops
intersecting his main artery
his shit mixed with everyone else's
so he thought he'd never
get it straight.
There were some roaches down there, all right,
but by that time
he didn't care much.
He headed for the shallows

detaniéndose aquí y allá para
recuperar las partes que se diluían;
le tomó mucho tiempo, pero finalmente
se rezumó por completo en la orilla,
hizo un charco,
comenzó a clasificarse,
sacando las pequeñas porciones de agua
con las espinas de pescado, envolturas de dulces,
papel de baño, etcetera. No fue tarea fácil,
le tomó la mayor parte de la noche.
Cuando finalmente llegó a casa,
subiendo 5 pisos,
Jenny el terrón no se hallaba en casa.
Estaba exhausto así que se acurrucó
y se durmió sobre el tapete. Todo el día
la gente se tapaba la nariz y mascullaba
al pasar. Para colmo
cuando Jenny regresó a casa
le exigió
bañarse.

with side-trips to catch
parts that were getting diluted;
it took a long time, but finally
he oozed up on the bank,
made a puddle,
started to sort himself out,
picking out the bits of water
along with the fishbones, candy wrappers,
toilet paper, etcetera. It was hard work,
took most of the night.
When he finally got home,
up all 5 flights,
Jenny the Lump was out.
He was beat, so he curled up
and slept on the mat. All day
people held their noses and muttered
going by. To top it all off
when Jenny got home
she insisted he needed
a bath.

Menstruando

Reloj corporal: ¿ya ha transcurrido
un mes?
me muevo como un monstruo marino
llevo conmigo mi propio mar
jugo de tomate
olor a cortina de baño que se pudre

hoy estuve imaginando
desear un niño pero sin esposo
anuncio de periódico:
se busca—muy inteligente, artístico,
atractivo y economicámente solvente
varón, para engendrar un hijo
con mujer de capacidad similar.
debe estar dispuesto a firmar contrato por
1/2 manutención del niño, visitas opcionales.
sin requisitos matrimoniales.

hoy estuve imaginando a
Mauna Loa
fuentes de fuego rojo
túneles de lava
llevo mi cuerpo, lleno de mi yo como una concha
el mar me llena y me vacía

hoy estuve imaginando
la sangre, la flor del vacío
el tictac de una anémona de mar

Menstruating

Body clock: has a month
gone already
I move like a sea monster
carry my own sea
tomato juice
rotting shower-curtain smell

today I was imagining
wanting a child but no husband
newspaper ad:
wanted—highly intelligent, artistic,
attractive and financially solvent
male, to sire a child
with woman of similar qualifications.
must be willing to contract for
1/2 child support. visitation optional.
no matrimonial requirement.

today I was imagining
Mauna Loa
fountains of red fire
lava tunnels
I carry my body, full of self as a shell
the sea fills me and empties me

today I was imagining
blood, the flower of emptiness
ticking sea-anemone

Mujer con Sierra de Cadena

En quién
despierto fantasías, al balancearme
por el bosque con mi sierra de cadena
de diez pulgadas, lo bastante ligera
como para levantarla por encima de mi cabeza;
lo bastante afilada como para llevarte la pierna
sin pestañar.
El manual es extenso, un canto detallado
de leñadores talando árboles.
Estoy cortando leña,
nada más que del grueso de un muslo.

Woman with a Chainsaw

Whose fantasies do I
provoke, swinging through the woods
with my ten-inch saw, light enough
to lift overhead;
sharp enough to take your leg
without blinking.
The manual is long, a detailed
song of woodsmen felling trees.
I am cutting firewood,
nothing more than thigh-thick.

Pruebas

En estos días, el espíritu dentro de la máquina
ha estado revelando
mis *pentimientos.*
Fragmentos de un texto anterior
hace mucho tiempo reconsiderados
aparecen en el libro ya impreso
con un guiño
y un bigote de Dalí
espantosos en la página
como medias de mujer que continúan
arrugándose alrededor de mis tobillos
ostentando su elástico
difunto.

Proofs

Recently, the ghost in the machine
has been uncovering
my *pentimientos*.
Fragments of prior wording
long since reconsidered
appear in the finished book
with a Dali moustache
and a wink
appalling in print
like knee-highs that keep
shriveling down around my ankles
flaunting their defunct
elastic.

Esta Mujer

¿Qué hace esta mujer?
Tiene el pelo como cadena de eslabones.
Su maquillaje ha sido tomado
de los cuadros de las tumbas de los faraones.

Su falda tiene una abertura
en el frente hacia arriba.
¿Qué hace
esta mujer?

Cuando baila, su falda es peligrosa.
Cuando se sienta
su falda es invisible.
Cuando camina, baila.

Esta mujer tiene ojos
que miran de arriba a abajo a todos los hombres,
también a todas las mujeres.
Los ojos de esta mujer son contrabando.

Ella pasó sus ojos clandestinamente a través de la frontera
y los perros no pudieron olerlos,
aunque la olieron
donde está abierta su falda.

Su falda es de cuero, y brilla.
Los perros se fijan en esas cosas.
Los hombres por igual.
Los perros son sólo ligeramente menos corteses.

Esta mujer está abriendo su propio camino.
Tiene senos hermosos
los cuales cubre
y hermosas piernas, que no se cubre.

Esta mujer va hacia su casa ahora.
No lleva a nadie consigo a casa
excepto a sus amigos, y a sus aretes de oro,
y sábanas de seda.

This Woman

What is this woman doing?
She has hair like linked chain.
Her makeup is taken
from tomb paintings of the Pharoahs.

Her skirt is slit
up the front.
What is this woman
doing?

When she dances, her skirt is dangerous.
When she sits down,
her skirt is invisible.
When she walks, she dances.

This woman has eyes
which look every man up and down,
every woman, too.
This woman's eyes are contraband.

She smuggled her eyes across national borders
and the dogs did not smell them,
although they smelled her
where her skirt is slit.

Her skirt is leather, and shiny.
The dogs notice things like that.
The men, too.
The dogs are only slightly less polite.

This woman is making her own way.
She has beautiful breasts
which she covers
and beautiful legs, which she does not cover.

This woman is on her way home now.
She takes no one home with her
except her friends, and her gold earrings,
and silk bedsheets.

About the Author / *De la Autora*

Judith Kerman has published six books or chapbooks of poetry; most recently *3 Marbles* (Cranberry Tree Press, 1999). The first edition of her book-length prose poem, *Mothering*, received Honorable Mention in poetry in the 1978 Great Lakes Colleges Association New Writers Award competition, a national first books competition. A second edition of *Mothering*, including the related play "Dream of Rain," was published by Ridgeway Press in 1996, and an expanded hypertext version of *Mothering* appeared in *Eastgate Quarterly 2:2*, in Summer 1996.

She received a Fulbright Senior Scholar award to live in the Dominican Republic from January through July 2002, translating and studying the poetry of Dominicana women. She has published poems and translations in *The Hiram Poetry Review, House Organ, Oxalis, Black Bear Review, The Bridge, Snowy Egret, Chelsea, the Michigan Quarterly Review, Earth's Daughters, Moving Out,* and other publications. She founded Saginaw's Mayapple Press in 1977 (14 titles to date), and *Earth's Daughters*, the oldest U.S. feminist literary magazine (1971). She is translating the poems of Cuban poet Dulce María Loynaz (Cervantes Prize, Spain, 1992) and other Cuban women, as well as Dominican poets and authors. In 2002, her book of translations of Loynaz was published by White Pine Press (Buffalo, New York) and books of translations of Dominican women poets and short stories of Hilma Contreras (Premio Nacional de Literatura, Republica Dominicana, 2001) were published by Editora de Colores (Santo Domingo, D.R.)

She teaches English, humanities and Web design at Saginaw Valley State University. In addition to her poetry, she has published a scholarly anthology, *Retrofitting Blade Runner: Issues in Ridley Scott's Blade Runner and Philip K. Dick's Do Androids Dream of Electric Sheep?* (Popular Press, Bowling Green State University, 1991) and is active in scholarship of the fantastic.

Judith Kerman ha publicado seis libros (o chapbooks) de poesía; el más reciente es *3 Marbles* (Cranberry Tree Press, Windsor, Ontario, 1999). La primera edición de su poema en prosa *Mothering* recibió Mención de Honor en 1978 en el concurso "Great Lakes Colleges Association New Writers Award," un importante concurso nacional de primeras obras. Una segunda edición de *Mothering*, que incluye el drama sobre temas similares, "Dream of Rain," fue publicado por Ridgeway Press (Detroit, Michigan) en 1996; una versión ampliada de *Mothering* en forma de "hypertext" apareció en *Eastgate Quarterly Review of Hypertext 2:2* en el verano de 1996.

Recibió una beca Fulbright Senior Scholar para vivir en la República Dominicana desde enero hasta julio 2002, traduciendo y estudiando poesía de mujeres dominicanas. Ha publicado poemas y traducciones en *Hiram Poetry Review, House Organ, Oxalis, Black Bear Review, The Bridge, Snowy Egret, Chelsea, the Michigan Quarterly Review, Earth's Daughters, Moving Out,* y otras. Fundó el Mayapple Press en 1977 (14 títulos hasta la fecha), y *Earth's Daughters*, la revista literaria feminista más vieja en E.E.U.U. (1971). Ha traducido los poemas de Dulce María Loynaz (Premio Cervantes, España, 1992) y de otras cubanas, y también poetas y autoras dominicanas. En 2002, su libro de traducciones de Loynaz fue publicado por White Pine Press (Buffalo, New York) y los libros de traducciones, de poetas dominicanas y de cuentos de Hilma Contreras (Premio Nacional de Literatura, Republica Dominicana, 2001), fueron publicados por Editora de Colores (Santo Domingo, R.D.)

Enseña inglés, humanidades y diseño de Web en la Universidad SaginawValley State en Michigan. Además de su propia poesía, ha publicado una antología erudita, *Retrofitting Blade Runner: Issues in Ridley Scott's Blade Runner and Philip K. Dick's Do Androids Dream of Electric Sheep?* (Popular Press, Bowling Green State University, 1991) y está activa en investigaciones eruditas de temas fantásticos (imaginarios) y su impacto en la cultura.

About the Translator / *Del Traductor*

Johnny Durán nace en Santo Domingo en 1957. A la edad de 15 años viaja a los Estados Unidos donde cursa el bachillerato y permanece por 7 años. Estudió ingeniería en la universidad INTEC y educación mención matemáticas en la universidad C.D.E.P.

Actualmente se desempeña como profesor de idiomas y matemáticas. Ha publicado traducciones de poemas de Mark Strand en suplementos nacionales. Ha sido incluido en la antología de poetas dominicanos, *Poemas de Último Minuto* de la editorial Bangó, y en el primer número de la revista literaria dominicana *Xinesquema*.

Aparte de la traducción de este libro, también ha colaborado con Judith Kerman en su libro de traducciones de poemas de las poetas dominicanas, *Buscando Su Propia Voz / Seeking Their Own Voice*. Es padre de 6 hijos y es jugador de ajedrez de primera categoría. *Nieblas de Luna* es su primer libro de poemas; publicado en el 2002 en ediciones en español, en inglés y bilingue, traducido por el autor.

Johnny Duran was born in Santo Domingo in 1957. At the age of 15, he went to the U.S., where he lived for 7 years and went to high school. He studied engineering at INTEC University and education with mathematics emphasis at C.D.E.P. University.

Currently, he teaches languages and mathematics. He has published translations of the poems of Mark Strand in national newspaper supplements in the Dominican Republic. His poems were included in the anthology of Dominican poets, *Poemas de Último Minuto (Poems of the Last Minute)* published by Editorial Bangó and in the premier issue of the Dominican literary review *Xinesquema*.

In addition to his translations for this book, he collaborated with Judith Kerman on her book of translations of poems by

Dominican women poets, *Buscando Su Propia Voz / Seeking Their Own Voice*, published by Editora de Colores. He is the father of 6 and a top-level chess player. His first book of poems, *Nieblas de Luna (Moon Fogs)* was published in 2002, in Spanish, English and bilingual editions, translated into English by the author.